MI PLAN DE TRADING

MI PLAN DE TRADING

MI PLAN DE TRADING

MIGUEL BRIZUELA

MI PLAN DE TRADING

Copyright © 2024 Miguel Brizuela

Todos los derechos reservados.

DEDICATORIA Y AGRADECIMIENTOS

Este Libro va dedicado primeramente a mi Dios, quien es la luz, mi guía y mi fortaleza en cada etapa de mi vida. A mi familia padres, esposa e hijos quienes son mi motivación y la realidad que me mantiene con los pies en la tierra, pero con la mirada enfocada en mis objetivos y metas. A todas aquellas personas amigos y conocidos que de una u otra forma han contribuido de alguna manera en el éxito de mi carrera financiera. Finalmente, a los lectores, porque sin ustedes este libro no tendría razón de ser. Espero que estas páginas les brinden tanto como a mí me ha dado escribirlas. A todos muchas gracias.

CONTENIDO

	INTRODUCCIÓN	01.
1	MOTIVACIONES	05.
2	METAS	07.
3	ESTADO PSICOEMOCIONAL	09.
4	ANÁLISIS FUNDAMENTAL	15.
5	ANÁLISIS TÉCNICO	17.
6	GESTIÓN MONETARIA	21.
7	GESTIÓN DE RIESGO	23.
8	ESTRATEGIA	25.
9	RUTINA	31.
10	REGLAS	33.
11	SANCIONES	35.
	PRINCIPIOS FINANCIEROS	37.
	COMENTARIOS FINALES	49.

MI PLAN DE TRADING

INTRODUCCIÓN

¿Qué se pretende conseguir con este libro? El objetivo de este libro consiste en proporcionar, en forma ejemplificante y descriptiva, la orientación adecuada a la hora de elaborar y poner en práctica su propio plan de trading. En el mundo del trading, la diferencia entre el éxito y el fracaso puede residir en la claridad y la precisión de un plan bien elaborado. Sin embargo, para muchos aspirantes a trader, la idea de crear un plan puede parecer abrumadora o incluso innecesaria. ¿Realmente necesito un plan? ¿Por dónde empiezo? Estas son preguntas comunes que pueden obstaculizar el progreso hacia los objetivos financieros.

Este libro está diseñado para desmitificar el proceso de elaboración de un plan de trading, proporcionando una guía paso a paso y ejemplos concretos para ayudarte a construir un plan sólido y efectivo. A través de ejercicios prácticos y conceptos claros, te mostrare mi propio plan de trading personal, y usándolo como guía descubrirás cómo definir tus objetivos, establecer reglas de entrada y salida, gestionar el riesgo y mantener la disciplina emocional. No importa si eres un principiante absoluto o un trader experimentado en busca de afinar tu enfoque, este libro te ofrecerá las herramientas y los conocimientos necesarios para crear un plan de trading personalizado que se adapte a tu estilo, personalidad y metas financieras. En estas páginas, te guiaré a través de un proceso completo y detallado para la creación de un plan de trading personalizado que se ajuste a tus objetivos financieros, estilo de vida y tolerancia al riesgo. Cada capítulo está diseñado para abordar aspectos fundamentales que son cruciales para el éxito en el trading, desde la identificación de tus motivaciones iniciales hasta la implementación de un sistema disciplinado de reglas y sanciones.

Comenzaremos explorando tus motivaciones detrás del trading y cómo estas influirán en la manera en que estructuras tu plan. Luego, nos sumergiremos en el proceso de establecer metas claras y alcanzables, antes de abordar el crucial aspecto del estado psicoemocional y cómo mantener una mentalidad adecuada para el trading. A lo largo del libro, exploraremos tanto el análisis fundamental como el técnico, proporcionándote las herramientas necesarias para tomar decisiones informadas en el mercado. Además, aprenderás estrategias efectivas para entrar y salir de operaciones, así como técnicas avanzadas de gestión monetaria y riesgo para proteger tu capital. Para garantizar la consistencia y el progreso continuo, también abordaremos la importancia de establecer una rutina de trading sólida y adherirte a un conjunto claro de reglas y sanciones que guíen tus acciones en el mercado.

Ya sea que estés dando tus primeros pasos en el mundo del trading o que busques mejorar tu enfoque existente, este libro te brindará el conocimiento y la orientación necesarios para construir un plan de trading robusto y efectivo que te lleve hacia tus objetivos financieros. ¡Prepárate para transformar tu enfoque en el trading y alcanzar nuevos niveles de éxito en los mercados financieros! Prepárate para embarcarte en un viaje de autodescubrimiento y crecimiento como trader. ¡Es hora de convertir tus sueños de éxito en el mercado en una realidad tangible!

"El trader exitoso no busca ganar dinero de inmediato, sino dominar su propio proceso. La consistencia viene de hacer las mejores operaciones posibles sin importar el resultado de cada una. Si sigues tu estrategia con disciplina, el dinero será una consecuencia natural de tu maestría en el oficio." – Alexander Elder

1. MOTIVACIONES

Para empezar a elaborar tu plan de trading, es esencial que tengas claro cuáles son tus motivaciones personales que te han impulsado a entrar en este mundo del trading y los mercados financieros. Como ser humano todos tenemos motivaciones más allá de las obvias (como comer, vestir, etc.) que nos mueven a buscar alcanzar el éxito financiero y económico. En este punto te mostrare que escribí yo sobre mis motivaciones para la elaboración de mi plan de trading y te puedan servir de guía para que consideres y escribas tus propias motivaciones.

Dios, mi familia, mi país. Estos son los tres motores principales de mi vida, son la razón por las que me levanto todas las mañanas a laborar, para seguir construyendo un presente y un futuro mejor para mi familia y para mí. Dios me da la fortaleza Espiritual que necesito como hombre de Fe para seguir avanzando todos los días, sé que con mi Dios todo es posible para mí, pues como hijo de él, con su amor me siento privilegiado en su gracia y todo lo puedo en Cristo que me fortalece. Mi familia me da la estabilidad emocional y de realidad que me permite estar centrado y enfocado, con los pies en la tierra para seguir alcanzando mis objetivos. Y mi País me da el enfoque idealista de algún día poder contribuir con el desarrollo y crecimiento de esa gran nación."

Como habrás leído en el párrafo anterior, en el escribí todas las figuras importantes para mí, que considero son las motivaciones principales de mi vida en general y en este caso mis motivaciones para esforzarme y desarrollarme en dar lo mejor que pueda para alcanzar el éxito en este mundo de los mercados financieros. Así como escribí mis motivaciones te sugiero que inicies la elaboración de tu plan de trading con este mismo punto, y así tengas claro cuáles son tus principales motivaciones desde el principio.

2. METAS

En este punto al igual que el capítulo anterior te mostrare de manera de ejemplo lo que escribí yo sobre mis metas personales que me impulsan a operar en los mercados financieros. De igual forma estas metas que estas por leer son solo un ejemplo para ti, para que consideres la tuyas propias. Y a manera de avanzar más rápido y yendo al grano, en los capítulos siguientes todos los puntos a tratar consistirán también en ejemplos guías de mi propio plan de trading para explicarte como ir desarrollando cada punto de tu plan con tu propio enfoque. Aclarado esto me dispongo a mostrarte mis metas personales de mi plan de trading.

1. Alcanzar la "Libertad Financiera"
2. Asegurar la jubilación y bienestar de mis Padres.
3. Brindarle una buena calidad de vida a mi familia.
4. Pagar la Universidad de mis hijos
5. Ser un Emprendedor con negocios y empresas.
6. Adquirir mi casa propia

7. Financiar mi proyecto Musical
8. Viajar con mi Familia en cruceros y tours por el mundo
9. Crear, financiar e incursionar en la política con un partido político liberal.
10. Jubilarme antes de los 50 años

3. ESTADO PSICOEMOCIONAL

Al momento de operar, mi mente debe estar despejada de cualquier preocupación importante, ya que al iniciar mis análisis del mercado ninguna distracción debe sacarme del enfoque y concentración que amerita dicho momento. Al sentarme frente al computador, somos el mercado y yo, no puede haber terceros en ese momento, esto permitirá fluir correctamente los procesos mentales que mi análisis necesita para tener una mejor interpretación de lo que el mercado quiere decirme. Así mismo debe haber un ambiente de paz y tranquilidad en el lugar donde hago mis análisis y operaciones de trading, no operar si hay alguna discusión en el momento, no operar si estoy apurado con otro compromiso, no operar en el trabajo, no operar con sueño o cansancio, el dormir bien es esencial para tu salud física y mental, y no operar jamás para pagar deudas, el dinero de mis operaciones no es para pagar deudas.

Con respecto al estado de salud, tampoco es recomendable operar si se está padeciendo de una enfermedad como una gripe diarrea, o algún dolor crónico, y jamás operar con dolor de cabeza fuerte o con dolor fuerte en los ojos. Es importante estar sano ya que esto tiene una correlación inherente al estado psicoemocional de cualquier persona, estar enfermo baja la autoestima y por ende tu nivel de seguridad mental también se ve afectada negativamente.

El esparcimiento o recreación, el sexo, el ejercicio físico, y realizar actividades deportivas también son elementos que deben acompañarte como trader, ya que solo dedicar todo tu tiempo a trabajar y al trading puede provocar en ti niveles altos de estrés que a mediano plazo se convierten en perjudiciales tanto para tu salud física como para tu salud psicoemocional, y eso rompería con los parámetros indicados para operar en el trading de manera saludable. En este sentido realizar una rutina semanal de ejercicios, dedicarte momentos de placer con tu pareja, salir a compartir con la familia o amigos al menos una vez a la semana, y jugar algún deporte semanalmente ayudara a tu mente a estar más relajada y tranquila de las preocupaciones propias de la vida.

También es muy recomendable dedicar algún tiempo a los juegos de videos, no en exceso, no diario, pero si algún tiempo a la semana. Esto relajara directamente tu mente ya que libera en tu cabeza la hormona de la dopamina que es conocida como la hormona de la recompensa, por causar en el cuerpo un estado de satisfacción que promoverá una buena autoestima y por ende una calidad mental de seguridad y bienestar psicoemocional. Los juegos que más recomiendo son los juegos de estrategia en tercera persona, en específico el juego de Company of héroes o Age of Empires en cualquiera de sus versiones son los que más me gustan por su gran complejidad y su jugabilidad técnica, ya que requiere del jugador una alta capacidad de análisis y estrategias para lograr los objetivos dentro del juego, así como la capacidad de prever y promover escenarios favorables para lograr tus victorias en el juego, muy parecido al ajedrez y a su vez también muy parecido a lo que se necesita para operar los mercados.

Por ultimo y no menos importante también es recomendable para todo trader la lectura y el juego de ajedrez. Leer un libro mensual a fin a la actividad del trading y los mercados financieros o de crecimiento personal, como también libros o novelas relacionados con otros temas de tu interés siempre serán aportes positivos a tu conocimiento y a tu carga intelectual que en consecuencia ayuda mucho en términos de análisis y resolución de problemas tanto en el trading como para cualquier aspecto de la vida. Y finalmente el ajedrez, un juego milenario y magnifico que para mí debería aprender toda persona en el mundo, pero para los trader debería ser parte de su vida, por su requerimiento alto de concentración y análisis para lograr prever y promover escenarios idóneos, que bajo una buena estrategia te lleve a tomar las decisiones y movimientos correctos o adecuados para alcanzar la victoria. Igual que en el trading, una mala decisión un mal movimiento de tu parte, significara el fracaso, pero si por el contrario tu análisis es correcto, si tu estrategia es acertada y realizas los movimientos adecuados tu victoria frente al mercado se hará presente.

El Estado mental y psicológico saludable es crucial para toda persona que quiera convertirse en un trader profesional. El principal enemigo de todo trader es su mente. Si deseas controlar y fortalecer tu mente como trader, te recomiendo a leer un libro que se centra en la mentalidad del trader y el control emocional para mejorar la toma de decisiones, un libro esencial para todo trader llamado: **"Trading en la zona" de Mark Douglas**, Explica cómo desarrollar disciplina, eliminar miedos y operar con confianza. Es uno de los libros más influyentes en la psicología del trading.

Leer "trading en la zona" de Mark Douglas es fundamental porque aborda uno de los aspectos más importantes del trading: la psicología y la mentalidad del trader. Aquí te dejo las principales razones para leerlo:

1. Elimina creencias erróneas sobre el mercado

Explica por qué el mercado no es predecible y cómo aceptar la incertidumbre sin miedo. Enseña a operar con probabilidades en lugar de buscar certezas.

2. Mejora la disciplina y el control emocional

Ayuda a evitar errores comunes como cerrar operaciones antes de tiempo o sobre operar. Enseña a operar sin miedo ni euforia, manteniendo una mentalidad equilibrada.

3. Desarrolla confianza en tu estrategia

Explica por qué muchos traders fallan, aunque tengan un sistema rentable. Enseña cómo confiar en tu estrategia sin dudar en cada operación.

4. Transforma tu mentalidad de trader

El libro insiste en que el éxito en trading no depende solo de la técnica, sino de la forma en que piensas y tomas decisiones. Ayuda a eliminar el miedo a perder y la frustración cuando una operación no sale como esperabas.

5. Aplicable a cualquier estilo de trading

Funciona para traders de forex, criptomonedas, acciones, futuros, etc. Es útil tanto para scalpers, day traders, swing traders o inversores a largo plazo.

Conclusión: si ya tienes conocimientos técnicos, pero sientes que las emociones te sabotean en el trading, este libro puede marcar un antes y un después en tu operativa.

4. ANÁLISIS FUNDAMENTAL

Mi análisis fundamental estará centrado en la búsqueda de eventos, hechos y noticias, que puedan influir directamente en la dirección del mercado, estos se les conoce en el trading como fundamentales, ya que tienen una influencia directa en los fundamentos que mantienen los mercados al alza o a la baja. Para ello me apoyare en herramientas de búsqueda como lo es la app de Investing.com o Google Finance, así como portales de noticias, como Bloomberg o The Wall Street Journal. Estas herramientas me mantendrán al corriente de todos los eventos del calendario económico más importantes del día a día.

También cabe mencionar que uno de los fundamentales más importantes para todos los mercados en general, son las decisiones de la Reserva Federal de los Estados Unidos (FED) sobre las tasas de interés base del dólar, que todos los bancos americanos toman como referencia para los préstamos y créditos, incluidos tarjetas de créditos e hipotecas, para influir en el consumo y gastos de sus clientes, lo que tiene un fuerte impacto en el manejo de la inflación americana. Entonces, a mayores tasas de interés, en consecuencia, disminuye el consumo y por ende la demanda de bienes y servicios, lo que reduce progresivamente la inflación, pero castiga el crecimiento económico medido en PIB. Por el contrario, a menores tasas de interés, la estimulación de consumo crece y por ende la demanda de bienes y servicios también, lo que produce un aumento progresivo de la inflación, pero acelera el crecimiento económico. En conclusión, la FED es una institución que tiene como objetivo principal alcanzar el equilibrio entre una inflación americana baja, menos del 2% anual, y un crecimiento económico sostenido. También es importante mantenerse al día con todos los reportes de inflación americana que son publicados todos los meses por el Comité de operaciones de mercado abierto (FOMC).

Otro tipo de eventos a seguir para los traders del mercado cripto, son las noticias importantes de cualquiera de los ecosistemas del mundo blockchaim. Alguna alianza, alguna actualización, o cualquier evento negativo como, bancarrotas o caídas de precio abruptas de cualquiera de las criptomonedas más importantes, pueden afectar directamente el precio de todo el mercado cripto y aumentar la volatilidad del mismo.

5. ANÁLISIS TÉCNICO

Mi análisis técnico estará enfocado en la revisión y comprensión objetiva del grafico del activo que me dispondré a operar. Consistirá primeramente en identificar tendencias y rangos dentro del gráfico, confirmando dichas tendencias en diferentes temporalidades, de, 1 minuto, 5 minutos, 15 minutos, 1 hora, y 4 horas. El siguiente paso consiste en marcar los soportes y resistencias fuertes de la tendencia que podamos identificar, estas servirán de puntos de referencia principal para las posibles entradas al mercado ya que determinan la dirección de mis posiciones dentro del mercado. El tiempo empleado para el análisis técnico puede ser corto de menos de 5 min, como tomarme mucho más tiempo hasta media hora, todo dependerá de los movimientos y volatilidad que el mercado este experimentando al momento de mi análisis, y también de mi capacidad de identificar posibles entradas optimas acordes a mi trading plan.

Los indicadores técnicos principales que a menudo uso para mis análisis técnicos, son: las Bandas de Bollinger (BB), la Media Móvil Exponencial de 50 Periodos (EMA 50), la Media Móvil Exponencial de 100 Periodos (EMA 100), y la Media Móvil Exponencial de 200 Periodos (EMA 200). Y los indicadores secundarios para mis análisis técnicos son: el Volumen, el RSI y el MACD. También será factible para algunas estrategias de trading usar indicadores como el SAR, el SSL CHANNEL, y el VWAP.

De igual manera apoyare mis análisis para determinar zonas de soportes y resistencias dinámicas que están determinados por las medias móviles, y también a través del indicador técnico de Fibonácci donde muestra, una vez que pulsas el activo a revisar en su apartado técnico, los posibles puntos pivotes de soportes y resistencias basados en el retroceso de Fibonacci y la extensión de Fibonacci. Así como también un resumen general de todas las medias móviles en periodos de 5 minutos, 1 hora, y 4 horas, y el nivel de sobrecompra o sobreventa de los principales indicadores técnicos, además del nivel de volatilidad del activo.

Por ultimo y no menos importante, es muy relevante tomar en cuenta la acción del precio, y de los posibles patrones que este formando el grafico de velas, así como también el conteo de ondas de Elliott, y las zonas de acumulación y distribución de Wyckoff.

Si quieres aprender y ampliar más tus conocimientos sobre análisis técnico en trading, Los siguientes libros son de los mejores y más recomendados:

Principiantes

"technical analysis of the financial markets" – john j. Murphy
Un clásico que cubre todos los fundamentos del análisis técnico.

"the art and science of technical analysis" – adam grimes
Explica cómo usar el análisis técnico con una perspectiva estadística.

"japanese candlestick charting techniques" – steve nison
El mejor libro sobre velas japonesas y su interpretación en trading.

Intermedio

"trading for a living" – dr. Alexander elder

Explica psicología del trading, gestión del riesgo y análisis técnico.

"technical analysis explained" – martin j. Pring

Cubre indicadores avanzados y estrategias para mercados financieros.

"encyclopedia of chart patterns" – thomas bulkowski

Un libro con patrones gráficos, estadísticas y probabilidades de éxito.

Avanzado

"quantitative trading" – ernest p. Chan

Explica cómo aplicar modelos cuantitativos al análisis técnico.

"algorithmic trading" – ernie chan

Más avanzado, ideal si quieres combinar análisis técnico con algoritmos.

Si estás empezando, los primeros tres libros son los más recomendados, busca sus versiones en tu idioma en internet.

6. GESTIÓN MONETARIA

La gestión monetaria consiste en administrar de la mejor manera posible, el capital general con el que cuentas para financiar las actividades diarias de tu vida, (techo, alimentación, trasporte, salud, recreación, etc.) y como administrar óptimamente el capital que debes apartar para tu cuenta de trading. En tal sentido lo primero que debes hacer es asegurar una o dos fuentes de ingresos estables con las que puedas contar si o si para financiar los gastos de tu día a día, y más aún si tienes familia e hijos, es necesario asegurarles la cobertura de sus necesidades y jamás contar con el trading para satisfacer estas. En tal sentido la siguiente lista demuestra como debes distribuir y administrar el dinero de tus ingresos totales de la manera más optima posible, tomando en cuenta que los porcentajes pueden variar de acuerdo a tus capacidades financieras y gastos:

1. Ingresos fijos: 1 o 2 fuentes de empleo o negocios.
2. Gastos generales (vivienda, alimentación, etc.): 60%

3. Recreación: 10%
4. Fondo de ahorro y emergencias: 10% o 20%
5. Inversiones: 10% o 20% sumando el interés compuesto.

Esta distribución en tus gastos debe estar acompañada por una visión clara de tus ingresos y egreso. Llevar un registro de ello podría ayudarte a mantener cuidada tu salud financiera, y así identificar mejor los ajustes donde puedas reducir gastos innecesarios. Este tema lo abordaremos más ampliamente, en el capítulo de principios financieros.

7. GESTIÓN DE RIESGO

La gestión de riesgo está enfocada en dar el mejor uso del capital de la cuenta, evitando al máximo las pérdidas durante el proceso de una operativa donde pueda fallar mi estrategia y el precio se devuelva en contra de mi posición. El trading como negocio es un oficio altamente especulativo y riesgoso desde el punto de vista de las inversiones, que se vale de análisis y estrategias de mercado para poder conseguir beneficios, pero que, como todo negocio de inversión, tiene su margen de error, y si no administras correctamente el capital para tus operaciones, puedes perder tu dinero rápidamente. Por lo tanto, una vez que encuentres una estrategia ganadora con la que operar, enfócate en cumplirla con disciplina sin desviarte, pero siempre usando tus Stop Loss por si falla y buscando una ratio de riesgo/beneficio de 1:1 o 1:2, y usando por operación el porcentaje del capital total de tu cuenta de inversión de la siguiente manera:

Riesgo Bajo	1% o 2% del capital total
Riesgo Medio	2% a 5% del capital total
Riesgo Alto	Mas del 5% del capital total
Imprudente	Mas del 10% del capital total

Usar más del 10% de capital total, ya se considera una gran imprudencia, y si lo haces te aseguro que perderás todo tu dinero muy rápido, por lo tanto, te sugiero enfáticamente te adhieras a solo a operar con una gestión de bajo o medio riesgo, ósea menos de 5% de tu capital. Bajo ese parámetro, si usas solo el 1% de tu capital por operación, tendrías que fallar al menos 100 veces seguidas para poder perder todo tu dinero lo cual es estadísticamente imposible fallar 100 veces seguidas. En contraste usando el 1% por operación, tendrías 100 veces de probabilidades de ganar al mercado. Si usas el 2% por operación, serian 50 veces de probabilidades de ganar y si usas el 5% serian 20 veces de probabilidades de ganar. En conclusión, la mejor forma de operar es operar con el mínimo de capital por operación para llevar tu riesgo al mínimo también.

8. ESTRATEGIA

Llevo ya unos años usando esta estrategia con resultados sorprendentes, espero puedas adaptar está estrategia a ti y obtener resultados parecidos a los míos. Cabe destacar que esta estrategia está hecha para temporalidades de 1 o 2 minutos.

PASO 1: Identifica a qué hora abren los mercados americanos según tu horario. Para ello tan solo tienes que abrir el gráfico del activo que vayas a operar y fijarte en el volumen, podrás ver un volumen más alto cuando los mercados abren y debajo podrás ver la hora en la que empieza el volumen a subir, esa es la hora de la apertura de los mercados americanos en tu país y es cuando buscaremos hacer nuestra operación del día.

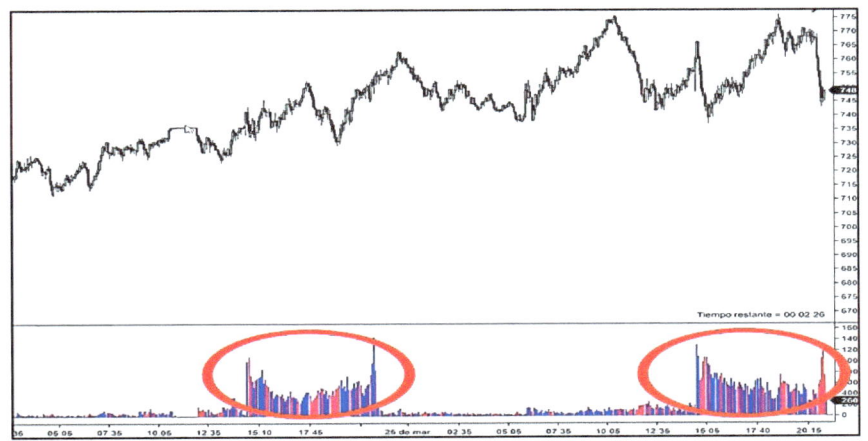

PASO 2: Unos minutos antes de la apertura del mercado debemos de asegurarnos que no tengamos volúmenes altos, en ese caso de debemos de marcar esa zona en el precio, de este modo sabremos que es una zona "caliente" donde hay mucho capital interesado en esa zona y la tendremos en cuenta a la hora de operar.

PASO 3: Una vez abierto el mercado tenemos que buscar que el primer movimiento supere con fuerza volúmenes anteriores, en caso de que en la apertura el volumen no alcance a superar volúmenes anteriores no operaremos ese día debido a que el mercado no se va a mover lo suficiente. En caso de que si, pasamos al siguiente paso.

PASO 4: Una vez abierto el mercado marcaremos una nueva zona cada vez que el mercado se dé la vuelta.

PASO 5: Cuando el precio rompa una de las zonas que hemos trazado y lo haga con fuerza, planteamos realizar una operación.

PASO 6: Trazamos nuestro Riesgo/Beneficio en el gráfico, el Stop Loss siempre ira en el pico anterior, y la ganancia será proyectada a la misma distancia que esta el Stop Loss obteniendo un Riesgo/Beneficio de 1 a 1 (ganamos lo mismo que arriesgamos) en caso de que dentro de nuestro Take Profit haya una de las zonas que hemos trazado, cancelamos la oportunidad y buscamos otra, si hacia el Take Profit no hay ninguna de nuestras zonas seguimos adelante con la operación.

PASO 7: Cuando el precio se mueve rápidamente hacia la dirección de la ruptura y se aleja de nuestra zona y el Take Profit no tiene ninguna zona por el medio solo nos queda una cosa… ¡INVERTIR!

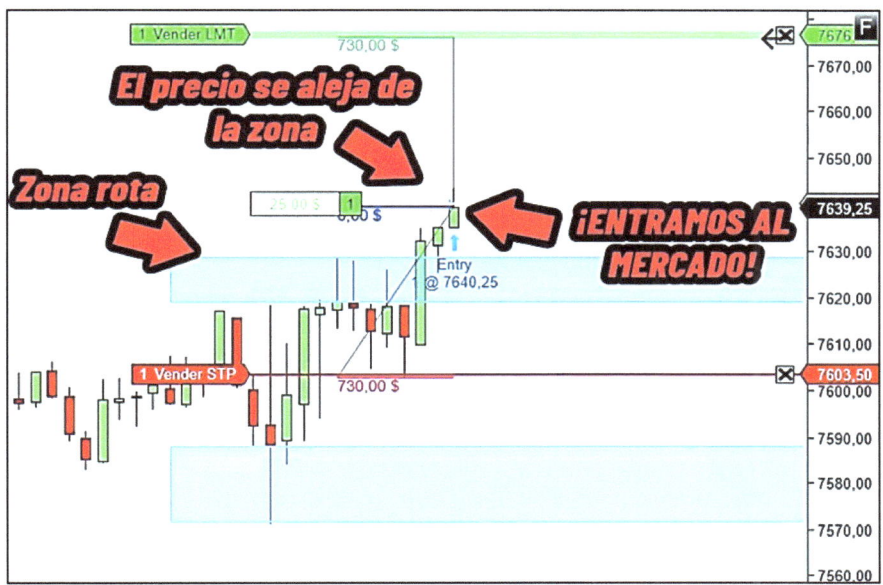

CONSEJO: Sea demostrado en directos que esta estrategia tal cual la has aprendido aquí ¡FUNCIONA! ¡Pero no seas impaciente, toda estrategia necesita tiempo para demostrar su efectividad! Úsala respetando todos los pasos del trading plan. La primera semana o el primer mes seguro que o pierdes mucho o ganas mucho, ¡pero recuerda el éxito está en la disciplina y la constancia! ¡Y ahora en tus manos tienes una estrategia rentable! ¡Ahora depende de ti ser o no ser un buen trader!

"Un buen trader no se obsesiona con predecir el mercado, sino con administrar bien el riesgo y aprovechar las oportunidades cuando se presentan. No importa cuántas veces te equivoques, sino que tus aciertos sean lo suficientemente grandes para compensar las pérdidas. En el trading, la paciencia y la disciplina siempre superan la emoción y la impulsividad." – Mark Douglas

9. RUTINA

La rutina es un hábito adquirido que todo trader debe desarrollar para ejecutar su plan de trading de manera automática, antes, durante y después de operar en los mercados financieros. Es muy importante la automatización de todos los procesos que ejecutamos durante nuestra operativa, realizar todo como si fuéramos una máquina, ya que esto nos permite medir y corregir errores de ejecución, mentales y emocionales que nos estén dejando malos resultados, para poder poner las estadísticas a nuestro favor, esa es la diferencia entre un apostador y un verdadero trader. A continuación, te presento mi rutina para operar en los mercados financieros.

1. Reportes financieros. Forex Factory.
2. Noticias, investing, blomberg.
3. Analizar los precios soportes y resistencias del día anterior y del mercado asiático y europeo.
4. Repasar mi plan de trading.
5. Imaginar posibles escenarios, en ambos sentidos.

6. Estar relajado y tranquilo sin preocupaciones.
7. En un buen ambiente, música baja y buena temperatura.
8. Seguir mi estrategia.
9. Cumplir mis reglas.
10. Al finalizar, analizar errores y fortalezas.

10. REGLAS

Un Trader profesional y disciplinado se preocupa por cumplir con su plan de trading, el novato se preocupa por ganar dinero. Es por ello que desarrolle una serie de reglas que debo cumplir a raja tabla para hacer más efectivo y consistente a mi plan de trading. Estas reglas son las siguientes:

1. Opero solo un mercado a la vez.
2. No operare la primera vela nunca.
3. No entrar a operar de 12:00 a 1:00.
4. Solo entro si se cumplen todos los parámetros de mi estrategia.
5. Siempre uso stop loss y take profit.
6. No opero en feriados.
7. No opero cuando haya anuncios de la FED.
8. Capital por operación: 1%.
9. Límite de perdida por operación: 1%.
10. Límite de pérdidas diarias: 2%
11. Límite de beneficios por operación: 1%, 2% o más siempre y cuando asegures ganancias usando trailing stop.

12. Límite de operaciones diarias: 3

13. 2 operativas positivas, adiós.

14. 2 operativas negativos, adiós.

15. 1 positiva y 1 negativa, puedes hacer una tercera.

11. SANCIONES

Imponerte sanciones por no cumplir con tu plan de trading puede ser una forma efectiva de mantener la disciplina y la responsabilidad en tus operaciones. Aquí hay algunas posibles sanciones que podrías considerar:

Multas financieras: Asigna una multa monetaria a ti mismo cada vez que te desvíes del plan de trading. Esto podría ser una cantidad fija o un porcentaje del capital invertido en la operación.

Pérdida de privilegios: Podrías imponerte la restricción de no operar durante un período de tiempo determinado si no sigues tu plan de trading. Esto podría significar no operar durante un día, una semana o incluso más tiempo, dependiendo de la gravedad de la violación.

Autoevaluación: Oblígate a revisar y analizar tus errores cada vez que te salgas del plan de trading. Esto te ayudará a identificar patrones de comportamiento y áreas de mejora.

Reevaluación del plan de trading: Si te encuentras desviándote regularmente de tu plan, puede ser necesario revisar y ajustar el plan para que sea más realista y adecuado a tu estilo de trading y tolerancia al riesgo.

Registro detallado de transgresiones: Mantén un registro detallado de cada vez que te desvíes del plan de trading, incluyendo la razón por la que lo hiciste y las consecuencias. Esto te ayudará a ser más consciente de tus acciones y a tomar medidas correctivas.

Recuerda que las sanciones deben ser lo suficientemente significativas como para motivarte a seguir tu plan de trading, pero también realistas y proporcionales a la situación. Además, es importante ser compasivo contigo mismo y reconocer que cometer errores es parte del proceso de aprendizaje en el trading.

PRINCIPIOS FINANCIEROS

¿Sabías que para ser libre financieramente solo necesitas controlar tus gastos? La distancia entre tu situación actual y el camino para ser libre financieramente solo se reduce a una cuestión sencilla, CONSERVAR MAS DINERO. Según el Baco Interamericano de Desarrollo (BID), solo el 21% de los adultos en América Latina y el Caribe poseen conocimientos financieros de nivel básico, además, según el Fondo Monetario Internacional (FMI), América Latina es una de las regiones con mayor desigualdad en el mundo en términos de ingresos o salarios básicos, es por ello por lo que, la libertad financiera puede ser para algunos solo un sueño inalcanzable, pero para otros, alcanzable si solo conoces y aprendes las reglas del dinero.

Al conocer estos principios, podrás empezar tu camino hacia la libertad financiera. En este capítulo te compartiré siete principios sencillos para lograr tu libertad financiera, y al final un bonus extra para que puedas lograrlo de forma acelerada y empieces tu camino hoy mismo.

Principio Numero 1: Ordena tu economía. Para lograr tu libertad financiera, es esencial tener una visión clara de tus ingresos y gastos. Comienza por realizar un seguimiento detallado de tus ingresos mensuales, incluyendo salarios, ingresos adicionales y cualquier otra fuente de dinero que recibas regularmente.

A continuación, lleva un registro minucioso de tus gastos, desglosándolos en categorías como vivienda, transporte, alimentación, entretenimiento y otros gastos recurrentes. De esta forma podrás saber cuánto es el dinero que obtienes de forma mensual y podrás seguir con el siguiente paso. Una vez que hayas analizado tus ingresos y gastos, podrás identificar áreas donde puedes hacer ajustes y reducir gastos innecesarios. Al tener una idea clara de tus ingresos, podrás tomar decisiones informadas sobre cómo administrar tu dinero de manera más efectiva.

Considera la posibilidad de adoptar herramientas y aplicaciones financieras que te ayuden a realizar un seguimiento más preciso de tus finanzas, como aplicaciones de presupuesto, plataformas de gestión de gastos y herramientas de seguimiento de inversiones, utiliza la que mejor se adapte a tu situación actual. Una aplicación que te recomiendo para el control de tus ingresos y gastos se llama Money Pro.

Principio Numero 2: El arte de presupuestar tus gastos. La clave está en presupuestar de forma anual. Presupuestar de forma anual es una estrategia inteligente que te permite tener una visión global de tus finanzas a lo largo del año. Ahora, es momento de realizar el cálculo del promedio de tus ingresos anuales y dividirlos entre los doce meses del año, así sabrás un estimado promedio de cuánto dinero recibes de forma mensual.

Como siguiente paso comenzarás por hacer una lista real de los gastos previsibles que tendrás durante el año, tal como lo vimos en el principio anterior, complementándola con gastos como el pago de impuestos, seguros, vivienda, matrículas escolares, vacaciones y eventos especiales. Asigna a cada categoría un monto estimado de gasto y distribúyelo a lo largo de los meses correspondientes.

Una vez que tengas tu presupuesto anual, podrás identificar los meses en los que tendrás gastos más elevados y prepararte con anticipación. Por ejemplo, si sabes que en diciembre tendrás gastos adicionales por las festividades navideñas, puedes comenzar a ahorrar desde meses anteriores o buscar formas de aumentar tus ingresos para compensar ese desbalance. En este punto, ya sabes cuáles son tus ingresos y gastos mensuales. Pueden suceder tres cosas, la primera es que nuestros ingresos sean superiores a nuestros gastos, en este escenario solo me queda felicitarte.

El segundo escenario es que tus gastos sean mayores a tus ingresos, entonces para equilibrar la balanza utilizaremos los principios que aprenderemos más adelante. Y, por último, puede que el resultado sea que tus ingresos son iguales que tus gastos. Los dos últimos escenarios no son del todo bueno, así que sigamos aprendiendo.

Principio Numero 3: Simplificación de gastos. La simplificación de gastos es una estrategia poderosa para optimizar tus finanzas personales, pero es una estrategia limitada. Consiste en identificar aquellos gastos que no son esenciales o que no agregan un valor significativo a tu vida para eliminarlos o reducirlos al mínimo. Estos pueden incluir suscripciones no utilizadas, compras impulsivas, comidas fuera de casa frecuentes o entretenimiento costoso. Comienza por analizar detenidamente tus gastos y clasificarlos en categorías según su importancia y necesidad. Los gastos esenciales, como la vivienda, la alimentación, el transporte y los servicios básicos, son necesarios para mantener tu calidad de vida y no deben ser objeto de simplificación total, pero si son elevados, podemos reducirlos.

Sin embargo, muchos otros gastos pueden ser examinados cuidadosamente para identificar oportunidades para eliminarlos o reducirlos. Una vez que hayas identificado los gastos innecesarios, establece un plan para eliminarlos o reducirlos. Puedes cancelar suscripciones que no utilizas, buscar alternativas más económicas, como preparar comidas en casa en lugar de comer fuera, o realizar compras de manera más consciente y planificada.

El objetivo es liberar recursos financieros que puedan ser redirigidos hacia el ahorro para la inversión o el pago de deudas, en este punto debo mencionarte, que puedes destinarlo al pago de deudas, solo si ese pago elimina completamente la deuda, si no, lo mejor es buscar una alternativa de inversión para que ese dinero siga produciéndote más ingresos.

Principio Numero 4: Crea múltiples fuentes de ingresos.
Activos vs Pasivos. La creación de múltiples fuentes de ingresos

es fundamental en el camino hacia la libertad financiera. Su creación es ilimitada y solo dependerá de nuestra visión y capacidades. Hay dos tipos principales de fuentes de ingresos: activos y pasivos. Los ingresos activos son aquellas que requieren de cierto nivel de participación activa o gestión de una persona en una actividad económica, es decir, requieren de tu tiempo, el cual es limitado.

Algunos ejemplos de ingresos activos pueden ser salarios, honorarios profesionales, ingresos por negocio propio, ingresos por trabajo FreeLancer, es decir, aquellos que requieren de esfuerzo físico y/o mental. Por otro lado, los ingresos pasivos son aquellos que no requieren una participación activa o continua por parte de la persona. Son ingresos generados a través de inversiones que no necesitan de tu tiempo o esfuerzo constante.

Algunos ejemplos de ingresos pasivos incluyen ingresos por alquileres, intereses de inversiones, regalías de propiedad intelectual, ingresos por negocio propio (solo cuando haya un proceso de automatización bien definido), programa de afiliados, ingresos por publicidad, ingresos por franquicias, entre otros. Estos ingresos pueden ser una excelente forma de generar flujo de efectivo constante sin tener que dedicar una gran cantidad de tiempo a su gestión. La clave para crear múltiples fuentes de ingresos es diversificar y buscar oportunidades que se alineen con tus conocimientos, habilidades y objetivos financieros.

Principio Numero 5: Reinvierte tus ganancias. El principio de reinvertir tus ganancias es una estrategia poderosa para aumentar tu riqueza y acelerar el crecimiento de tus activos. En lugar de gastar todas tus ganancias o utilizarlas para cubrir gastos cotidianos, destina una parte de ellas para reinvertirlas en aquellos activos que ya generan un flujo de efectivo constante. Una forma común de reinvertir las ganancias es a través de la compra adicional de acciones, bienes raíces o cualquier otro tipo de inversión que estés utilizando para generar ingresos.

Otra opción es utilizar las ganancias para expandir o mejorar tu negocio si eres emprendedor. Puedes reinvertir en personal, adquirir nuevas tecnologías, expandir tus instalaciones o mejorar tus productos o servicios. Estas inversiones pueden impulsar el crecimiento de tu negocio y generar mayores ingresos en el futuro, siempre enfócate en lo que ya funciona.

Principio Numero 6: Administración para principiantes. Administra tu dinero de la siguiente forma. Vamos a usar 3 cuentas a las cuales denominaremos: Cuenta de gastos esenciales, Cuenta para la creación de activos y Cuenta de ahorro a largo plazo. La primera cuenta te va servir para cubrir necesidades básicas como salud, comida, vivienda y todo lo esencial para vivir.

La segunda de ellas es una cuenta en donde destinarás el 10% de nuestros ingresos para crear múltiples fuentes de ingresos, es decir, crear activos para que el dinero trabaje por nosotros. Es preciso mencionar que ese porcentaje debe ser de acuerdo con tus ingresos y sin que afecte tus gastos esenciales, podrías empezar con 1% y luego a medida que vayas construyendo y creando más activos incluso podrías llegar al 100%.

La clave aquí es generar el hábito de hacerlo, ya que esto es mucho más importante que el monto. Por último, la cuenta de ahorro a largo plazo, te va servir para seguir mejorando tu estilo de vida, y el dinero que vas a poner en esta cuenta va ser producto de los excedentes de dinero que tengas una vez creado tus activos, de esa forma, el uso de esta cuenta estará destinada, por ejemplo, a comprar una mejor casa, un viaje en familia, o algún gasto elevado que no estuviera previsto; pero lo que no debes olvidar nunca, es que, ese gasto debe estar cubierto por un ingreso producido por un activo que ya has creado anteriormente. Se consciente de tu situación financiera actual y solo opta por estos lujos cuando hayas creado los suficientes activos como para evitar un endeudamiento.

Principio Numero 7: Modo aprendiz de por vida. El aprendizaje continuo es esencial para mantenerte actualizado en un mundo en constante evolución y cambios acelerados. Las habilidades y conocimientos que adquieras a lo largo de tu vida pueden convertirse en tu activo más valioso, ya que te brindan la capacidad de adaptarte, crecer y aprovechar las oportunidades que se presenten.

Existen muchas formas de continuar aprendiendo a lo largo de tu vida. Busca oportunidades de educación formal, como cursos, programas de certificación o incluso obtener títulos académicos adicionales. También puedes aprovechar recursos en línea, como tutoriales, podcasts, libros, audiolibros y artículos, que te permiten adquirir conocimientos en áreas de tu interés, y al ser productos digitales, el precio que pagas por la información y el conocimiento que obtienes es bien justificado.

BONUS EXTRA: Plantéate una meta financiera. Es posible que para obtener tu libertad financiera primero debas empezar por plantearte una meta. Y para ello en primer lugar debes encontrar tu motivación; así que, debes preguntarte ¿Porque deseo tanto mi libertad financiera? ¿Qué quiero lograr y por qué? Sino encuentras una motivación lo suficientemente convincente para ti mismo, créeme que cuando te plantees una meta, solo quedará en intención y no tomarás acción. Te puedo dar los siguientes consejos para que puedas cumplir una meta financiera:

N°1: Visualiza tu objetivo: hazlo cuantificable tanto en cantidad como en tiempo, por ejemplo: una meta puede ser que para el 31 de diciembre de este año logres tener en tu cuenta de creación de activos 2mil dólares. Muy diferente a solo plantearte tener más dinero en tu cuenta para la creación de activos. ¿Notaste la diferencia?

N°2: Todas las decisiones y tus hábitos deben estar encaminadas a lograr tu objetivo: Debes ser congruente con lo que dices y haces, es por lo que, si estableces una meta financiera todo tu tiempo y esfuerzo debe estar encaminado a su logro, en el ejemplo que te propuse, no sería congruente tener esa meta y a la primera oportunidad gastar tu dinero en algo que no sea en la creación de un activo.

N°3: Mi plan realista: no basta con solo desearlo, debemos tomar acción y empezar hoy, el mejor tiempo es ahora, podemos empezar por eliminar gastos innecesarios utilizando la estrategia de la simplificación o pensar en crear más fuentes de ingresos. Empieza por aportar el 10% de tus ingresos a tu cuenta para la creación de activos. Otro punto es que, la meta que te estés trazando sea 100% realista y no imposible de cumplir, así, te evitarás una futura frustración innecesaria que solo te hará procrastinar otra vez.

N°4: Establece acontecimientos específicos: un paso a la vez, esto quiere decir que enumeres las fechas en las que has avanzado en la consecución de tu meta financiera, así, te llenarás de confianza y tendrás la certeza de que estás cada vez más cerca del logro de tu objetivo.

N°5: Comunícalo a alguien de tu entorno cercano: puedes comentar acerca de tu meta financiera a alguien cercano a ti para sentirte en compromiso de que lo vas a cumplir y, sobre todo, que no vas a defraudar a esa persona y mucho menos a ti mismo. Por lo que comentar o platicar con alguien de tu entera confianza sobre tus metas financieras puede ser un apoyo emocional y a la vez poderoso para encaminarte a buscar esas metas y no caer en el ciclo de la procrastinación.

COMENTARIOS FINALES

Al abordar la creación de un plan de trading, es esencial entender que este documento no es solo una lista de reglas a seguir ciegamente, sino más bien un mapa personalizado que te guiará a través de los desafíos del mercado financiero. Antes de adentrarte en la elaboración de dicho plan, es fundamental que te conozcas a ti mismo como trader. ¿Cuál es tu estilo de trading preferido? ¿Cuáles son tus objetivos financieros? Definir claramente tus metas te ayudará a diseñar un plan que se adapte a tus necesidades y personalidad.

Además, la gestión del riesgo debe ser una piedra angular de tu plan de trading. Determina cuánto estás dispuesto a arriesgar en cada operación y establece límites estrictos para tus pérdidas. Recuerda siempre que la preservación del capital es fundamental para la supervivencia a largo plazo en los mercados.

No subestimes la importancia de mantener un diario de trading detallado. Registrar cada operación, junto con tus pensamientos y emociones en ese momento, te proporcionará valiosa información sobre tu desempeño como trader. Analizar tus registros te ayudará a identificar patrones y áreas de mejora, lo que te permitirá afinar tu enfoque con el tiempo.

La educación continua también es esencial para tu éxito como trader. Los mercados financieros están en constante evolución, por lo que es importante que te mantengas actualizado y sigas aprendiendo. Ya sea leyendo libros, asistiendo a seminarios web o participando en comunidades de traders, la educación continua te ayudará a mejorar tus habilidades y adaptarte a los cambios en el mercado.

Mantén siempre la disciplina y la paciencia en tus operaciones. El trading puede ser emocionante y desafiante, pero también puede ser emocionalmente agotador. Sigue fielmente tu plan de trading, incluso en momentos de incertidumbre o volatilidad. Controla tus emociones y evita tomar decisiones impulsivas basadas en el miedo o la codicia.

Finalmente, acepta las pérdidas como parte inevitable del juego. Incluso los traders más exitosos experimentan pérdidas de vez en cuando. Aprende de tus errores y pérdidas, y utilízalos como oportunidades para crecer y mejorar como trader. Recuerda que el trading es un viaje continuo de aprendizaje y desarrollo, y que cada obstáculo es una oportunidad para fortalecerte y avanzar hacia tus metas financieras

"Los mercados pueden permanecer irracionales más tiempo del que tú puedes permanecer solvente. No intentes forzar al mercado a comportarse como tú quieres, porque él no sigue tus reglas. La única manera de sobrevivir y prosperar en este juego es respetar la incertidumbre, controlar tu exposición al riesgo y actuar solo cuando las probabilidades estén a tu favor." – John Maynard Keynes

NOTAS

MI PLAN DE TRADING

www.ingramcontent.com/pod-product-compliance
Lightning Source LLC
Chambersburg PA
CBHW040325220526
45473CB00009B/2572